가을이 바래어 간 이유

한빈 시집

가을이
바래어 간
이유

한강

시인의 말

길거리 작은 풀잎 하나라도 나에게는 아름답고 소중하고 경이롭다.
이 풍경을 바라보는 것은 나의 희망이기도 하다.
나는 그 속에 묻혀 있는 작은 존재에 불과하다.

일상의 체험에서 비롯된 내 삶의 언어들은 한 편의 시로 내게 머무르기를 간절히 바란다. 모든 생명은 소중하고 살아 있다는 게 절실하기에 더욱 그러하다. 그것은 분명 나만의 사물을 바라보는 존재 인식에 대한 독특한 시안詩眼이다.

시집 발간에 있어 지원을 아끼지 않으셨던 윤풍식

CEO, 형배 친구, 광일光- 오빠에게도 각별히 고맙다는 말 전합니다.
  용기 잃지 않게 지켜주는 주성, 주호, 주한 나의 동생들에게도 고맙다는 말 전한다. 아울러 시집 해설을 해 주신 기청 시인과 추천글을 써 주신 박병두 인송촌장님 두 분께 감사하다는 말 전합니다.

2025년 10월
한빈

한빈 시집 가을이 바래어 간 이유

□ 시인의 말

제1부 거울 앞에서

제야의 종소리 ──── 13
풍요 ──── 15
저녁 밥상 ──── 16
나무 그늘 밑에 섰더니 ──── 17
길동무 ──── 19
소나기 ──── 20
노인과 바다 ──── 21
가족 ──── 23
점방네 할머니 ──── 25
완두콩 ──── 26
그 남자 ──── 27
나비의 행상 ──── 28
부부 ──── 29
거울 앞에서 ──── 30
그대 내 마음속에 ──── 32
하루라는 오늘 ──── 33

제2부 숨어 우는 나비

청개구리 ──── 37

가을이 바래어 간 이유   한빈 시집

39 ── 숨어 우는 나비
40 ── 옹달샘
41 ── 모나리자
42 ── 바느질
44 ── 기린
45 ── 우렁이
46 ── 빈 의자
47 ── 툇마루
48 ── 달팽이
49 ── 우아한 도발
50 ── 내 치마폭에 피소서
51 ── 별아 별아 내 별아

제3부 **동백꽃 사상**

55 ── 해당화
56 ── 수양버들
58 ── 연꽃
59 ── 풀잎
60 ── 들국화
61 ── 능소화
63 ── 손꼽아 기다리겠네

갯메꽃 —— 64
유자나무 —— 65
모란 —— 66
호박 —— 67
동백꽃 사상 —— 68
유채꽃 연가 —— 69
강아지풀 —— 71

제4부 저 홀로 피는 꽃과 풀

오는 봄 가는 봄 —— 75
4월의 정원 —— 76
오월 —— 77
바람의 가을 —— 78
첫눈 내리는 날 —— 79
눈 덮인 세상 —— 80
겨울 동화 —— 81
산빛 —— 82
우산이 없어도 좋았다 —— 83
우일 풍경 —— 84
손깍지 베개 하고 누워 —— 85
만 개의 꽃 —— 87

가을이 바래어 간 이유 　　　　　　　　　한빈 시집

88 ──── 도랑물 소리
89 ──── 맑은 물에 비춰 보니
91 ──── 저 홀로 피는 꽃과 풀
92 ──── 나비야 청산 가자

제5부 거기, 남촌에는

95 ──── 아버지의 봄
96 ──── 벽장 속 치부책
98 ──── 사색
99 ──── 봉황기
101 ──── 정미소
102 ──── 거기, 남촌에는
104 ──── 아버지의 하얀 고무신
105 ──── 어미의 소원
106 ──── 자식이 뭣인고
108 ──── 60대 아리랑
110 ──── 세 자매
112 ──── 사람아 사람아
113 ──── 청산도의 봄
114 ──── 지리 해변가

한빈 시집 　　　　　　　가을이 바래어 간 이유

제6부 보헤미안

늘대의 서울 ——— 117
동묘거리 ——— 118
당리 샛담길 ——— 119
도청리 항 ——— 120
천사의 섬 완도 ——— 121
마로니에 공원 ——— 123
공옥진 여사 ——— 124
매미 ——— 126
비상 ——— 127
어느 주막집에 앉아 ——— 128
서울의 봄 ——— 129
비둘기 ——— 131
황제 ——— 133
보헤미안 ——— 134
노스탤지어 ——— 136

□ 해설_기청

거울 앞에서 　제1부

제야의 종소리

어두운 겨울 밤거리
귀마개를 한 남자가
나무통 메고 "찹쌀떡 찹쌀떡"
외치며 동네를 돌고 있다

키 작은 체구에 멜통은 땅에 닿듯
무거워 보인다
그러나 남자는 더 힘차게 외친다
찹쌀떡, 찹쌀떡

뜨거운 입김은 굴뚝처럼
숨가쁜 듯 회오리쳐 오르고
남자는 아랑곳 않고 외친다
찹쌀떡, 찹쌀떡

구름 속에 숨어 있는 달님이
그 남자를 아스라이 비춘다
남자는 잠시 머뭇거리다
귀마개를 벗고 소슬한 휘파람을 분다

이윽고, 제야의 종소리가 희망차게 울려 퍼졌다

풍요

퍼렇고 누렇고
바다 물결 펼치듯

온 들녘에
유채꽃으로 그윽하다

달팽이도
밭고랑에 기우뚱기우뚱

나비도 날고
꿀벌도 날고

인파처럼
원 없이 피어나

흙둑마다
천연덕스럽게 피어 있다

저녁 밥상

두부 넣은 된장찌개
집 안에 시골 냄새 풍기고요

꽈리 고추에 멸치볶음
바다를 생각나게 하고요

버섯 정구지 잡채
통나무집 생각나고요

부지런히 일하고 일터에서 돌아온
가족을 위해 밥상 차리고요

쳇바퀴 돌듯 하루의 일상
밥상에 언 손 녹이며 겨울을 견디며 살아가고 있고요

우리는 어떻게든 이겨 내며
눈물나게 허둥대며 살아가지요

나무 그늘 밑에 섰더니

길을 걷다가 햇볕이 따가워
나무 그늘 밑에 섰더니 까치가
이 가지 저 가지 날며 맑은 소리로 재잘댄다
이 풍경 이 풍경이 그 움직이는 고요
온전히 그 순간 푸른 잎이 그를 포옹하고
한 그루의 나무가 보석과도 같지 않은가

사람들, 도시의 사람들
오늘도 저 맑고 푸르른 하늘을 눈에 담고서
복잡한 도시 속을 헤집고 나아가겠죠

꽃도 불태워 버린 8월 서울의 거리를 누비며
비록 불덩이로 지필지라도 버텨 내며 살아가지 않은가
새들도 힘겹게 긴 숨을 토해 내고

나뭇가지에 앉아 하루의 이야기를 털어 내고 있다
좋은 소식이라도 오려는가
나무 사이로 보니 끝이 없이 보이는 건 하늘이지 않은가

보도블록 위에서 목을 빼고 사색을 넘어선
세상을 보면서 까치 소리에 귀 기울여 보면
이토록 경쾌하게 들리는 것은 꽤나 반가운 일이다

길동무

새까만 고양이가 창 가까이 와서 내 방 안쪽을 기웃거렸다

오고 싶으면 언제든 찾아오라고 등을 쓰다듬어 주었다

밤마다 쥐를 쫓느라 애쓴다고 밥 먹고 힘내라고 밥을 주었다

밥을 놓고 기다리는 동안 내가 바라보기 전에 나를 바라보고

서로 모른 체하고 싶었지만 닿을락 말락 한 관계가 되었다

소나기

할머니는 백로처럼 수건 둘러쓰고
풀이 죽은 적삼 입고서 바구니 옆에 끼고
문간 문 지나 집 건너 밭을 간다

한숨을 뿌려 놓은 듯 메밀꽃이 피면
흙 묻은 호미 들고 밭고랑을 할배 얼굴
마주하듯 거둠거둠 지슴을 맨다

번갯불 같은 시름 달래 보려고
고랑 둥치에 앉아 청산별곡을 부른다
한세월 살아 잊을 법도 하는데

감당 못할 슬픔에 닳고 닳은 호미 자루
메밀꽃 필 때면 할머니 가슴에
울분을 씻는 소나기가 내리는 모양이다

노인과 바다

상서리포구에 헤밍웨이의 노인이 있다
섬의 섬 아주 작은 포구에
마가리 집 한 채와 돛단배가 노인의 전부다
바다는 삶을 지탱할 수 있는 지팡이였다
투망질을 떠날 때는
돛단배에 깃발을 세우고
노를 저어 먼 바다로 간다
밤바다에 그물을 투척해 두고
노인은 수심을 헤아릴 길 없는 물속 깊은 곳을
끌어당기듯 물살을 끌어당기며
요놈들이 정해진 만큼이나 오른다면 황소의 힘으로
뽑아 올리기라도 할 텐데
오늘도
내일도
풍어를 해종일 노리고 있다
보름달 집어등 삼아
넋을 놓고 투망을 노린 건 목선을 꿈꾸는 것일 게다
밤을 지새우고 터벅터벅
돌아오는 새벽빛 산길 덤불 이슬에 옷깃 적시며

빈 망태 어깨에 두르고 불평 없이 돌아온다
이를 본 산새도 귀띔한다
여느 때처럼 노인은
돛단배에 고등처럼 붙어 앉아 뚫린 그물 얽어매고 있다
지나가는 갈매기가 포구에 앉더니
"영감, 만날 얽어매기만 하면 뭣 헐 것이오"
"글쎄, 요놈들이 죽기 전에 모터 달린 큰 배를 주지 않 것소"

가족

거동이 불편해 보인 한 노파가
휠체어에서 일어서려는데 한쪽으로 쏠리려 한다

온전히 혼자하도록 불평 없이 지켜 서 있는 가족
바람에 쏠리듯 한쪽으로 쏠리는 몸을 쓰러지지 않으려
안간힘을 다해 구부정한 허리를 하고
지팡이와 한몸이 되어 일어선다

언뜻 보니 노파를 쏙 빼닮은 젊은이는
모자지간이고
머리가 희끗하고 옅은 미소로 그 옆에 서서
빤히 쳐다보는 여자는 아들의 어머니 같다

그들은 정원이 보이는 상에 둘러앉았다
가족의 울타리가 꽃 정원처럼 평화로움이 가득하다

노파는 국수 가락을
한 가락 한 가락씩 집어 올린다
가족도 그와 한 입 두 입 눈과 마음을 같이했다

목에 두른 냅킨 위에 수북하니 쌓인 메밀국수 가락
가파른 산등성 같다

점방네 할머니

　점방네 할머니는 당신의 소중한 것 보따리에 싸매서 하루에 몇 번씩 묶었다 풀었다 한다 오늘, 노인은 보따리 등에 걸머지고 따스한 봄날 신작로 길을 정처 없이 어디가 끝인지 모르는 길을 걷는다. 논둑에, 마른 잎 되어 누웠다가 핀 샛노란 민들레꽃 앞에 앉아 잘 있나, 잘 있었나, 추위에 잘 살아 줘 고맙다… 가슴속에 숨겨진 흥겹게 부르는 아리랑 "…나를 버리고 가시는 님은 십 리도 못 가서 발병 난다." 며 닭똥 같은 눈물 뚝뚝 떨어뜨리면서 "내 나이 아직 새파랗지예?" 활짝 핀 민들레에 요리조리 훑어보고 새파랗던 시절을 기억하는지 민들레꽃처럼 환한 미소 지으시며 바닥을 더듬었다

완두콩

굳은 푸른 살 한 꺼풀씩 열리면
맑게 트여 오는 소리
안 보고도 척척 잘도 깐다

도시에 있는 자식들에게 부치려고
큰어머니는 콧물 홀쩍이더니 잘 영글었다며
한 번씩 만져 보고

여민 당신 가슴을 파헤치며
내 새끼들 뭘 먹고 사나
뭘 먹고살고 있을 거나

바구니에 소복이 쌓이니
고단한 삶을 탓하지만
바라보기만 해도 배가 부른 모양이다

엉덩이를 툭툭 터는 큰어머니
완두콩처럼 휜 허리를 구차한 기색 없이
박차고 일어선다

그 남자

그 남자, 작지만 커 보인다
마음이 넓어 보여서일 거다

그 남자, 시시해 보이면서도
덤덤하니 뚝심 있어 보인다

그 남자, 홀쭉해 보이지만
쌀 가마니가 꽤 있어 보인다

그 남자, 의뭉스러울 것 같지만
너그러움이 있을 것 같다

그 남자, 시시하고 부족해 보여도
정녕 그 남자는 명품인 거 같고

그 남자, 존경 받을 사람
웅숭깊고 둥받이 같은 그런 남자 같다

나비의 행상行商

생선 다라이 머리에 이고 걸어가는 그녀
가난한 여자의 유일한 행상이었을까 마을 지나
산 너머로 돌 박힌 길을 고무신이 닳도록 걸었을 그녀

궂은비 내린 날은 어머니가 부르는 것 같은 빗소리
소싯적에는 소갈머리 없이 여느 때처럼 찢어진
문풍지 젖히고 어둠의 문 앞에서 덧없이 서성이었던 밤
빗속의 그녀가 스치는 모습이 비쳤다

옷깃을 여미고 한여름 밤공기를 가르며
타박타박 걸어오는 밤길, 땀에 절은 얼굴이었을 그녀
몸에 밴 비린내를 지우려 사락사락 목물하던 소리
구겨진 속을 마음 한켠에 감춰야만 했을 그녀

문 앞에 우산을 들고 있는 나는 맨발이었다
창문 사이로 날아든 흰나비 한 마리
책상 위에 놓여진 하얀 백합 주위를 부채 같은 날개로
여유롭게 나풀나풀 난다 삶이 저리고 겨웠던 그녀가

부부

분주하게 오고 가는 지하철 사람들 사이에서
부부는 무거운 짐 들고 서성거리다 모퉁이에 눌러앉아

사람들 눈도 아랑곳하지 않고 남자는 푸성거리를
크고 투박한 손으로 한 움큼씩 검정 봉지에 나눠 넣고

아내도 고사리같이 꼬부라진 작은 손으로 한 움큼씩 나눈다
둘은 가만히 바라보아도 손발도 맞고 호흡도 맞다

한세월을 서로 떠받들고 그저 해처럼 달처럼 흘러가는 일상
땀에 젖은 얼굴을 별말 없이 마주하다 남자는 아내 손을 잡는다

이윽고, 삐걱거리며 기차가 날랍게 정지하다
부부를 태우고 칠흑 같은 어둠 속으로 사라져 갔다

거울 앞에서

나는
캄캄한 지하에서
살고 있소

밥도 먹고
글도 쓰고
잠도 자고

나는
미친 듯이 어둠 속에서
빛을 찾고 있소

절벽 같은 지하에
문틈으로 햇살이 기둥처럼 들이칠 때면
문지방 딛고 일어서서

나는
거대한 거울 앞에서
나를 들여다보기도 하오

세상 길은 많기도 하지요
그 길 갈 수 없는 길을
거울은 내게 넓은 길을 보여 준다오

그대 내 마음속에

언제나처럼
맑은 눈동자로
그대 내 마음속에 있습니다

세월이 가고
꽃이 피는 봄이 와도
그대 내 마음속에 있습니다

바람처럼
바람 되어 올 것만 같은
그대 내 마음속에 있습니다

밀려오는 그리움에
숲속을 걷다 길 잃고 우는 나
그대 내 마음속에 사무칩니다

책상에 턱을 괴고
책장을 넘기며 소곤거려 봅니다
아직도 그대 내 마음속에 있습니다

하루라는 오늘

모란,
당신의 보라빛 꽃잎으로
살포시 내 두 눈을 덮어 주세요

한낮,
시들은 꽃잎은 떨어지겠지요
내가 시들은 순간 이별이라는 것을

어둠이 오면
입술 꾹 다물고 누우렵니다
서럽습니다 서럽습니다 하루라는 오늘

제2부 숨어 우는 나비

청개구리

여름도 겨울처럼 지낼 수 있어요
얼음이 둥둥 떠 있는 아이스커피 통을
한 아름 손에 쥐면
사람들은 뼛속까지 차가운
겨울을 느껴요
빨갛게 익은 수박을 쪼개어
한 숟가락씩 퍼서 유리 볼에 넣고
흰 우유 졸졸졸 부어
고드름이 된 얼음을 조각조각 띄우고
겨울을 상상해요
세상이 좋아 버튼을 누르면
정수기에서 얼음이 되어 투덕투덕 나오고요
잘게 부수는 쉐빙이
투명한 둥근 그릇에
눈 덮인 무덤을 만들어요
단팥으로 잔디를 깔아요
콩고물에 버무려진 인절미 올려 두고 파랗게
얽어매지요
눈 덮인 무덤을 눈물 그렁이며

청개구리처럼 버물려 개굴개굴 먹어요
잔디가 깔끔하게 깎였어요
눈처럼 감쪽같이 사라졌어요

숨어 우는 나비

시들어 가는 꽃들에게
물을 부어 주면 풀포기처럼 피어나면서
뿌리가 햇살을 그러쥐고 그늘 깊숙이 빨아들인다네

배추흰나비가 한 마리 날아드네
날개를 접고서는 애수 띤 갈색 눈을 깜박이며
몸을 폈다 오그렸다가 살포시 앉더니

수국꽃 속에 납작 엎드려 바깥으로 돌아가지 않겠다고
꿈적도 않네

난 보았네,
눈짓하는 행복을,
수국 속 이슬을,

바깥에는 향기나는 꽃들로 그득하다고
들꽃에 제비꽃에 노란 민들레꽃에 나래를 펴고
이 꽃 저 꽃 품을 수 있으니 바깥으로 가서 훨훨
날으라고 달래 보지만 수국에 매달려 떠날 생각을 않네

옹달샘

시끄러운 세상
산속에서 발원하였는지
바위를 뚫어 돌담 밑으로
묵묵히 솟아나고 있었다
고개 숙여 나를 내다보았다
내 안을 비추는 영롱한 거울
많은 인연들이 다녀간 자리
옹달샘 속에는 만인이 있다
그 속에 세계도 있다
백 년쯤 지나 다시 오면
그때도 천연스럽게 있을려나

모나리자

벽에 걸려 있는 모나리자
내 일상을 지켜보듯
때로는 웃다가
표정 없이 가만히 있다가
가끔씩 혼잣말을 한다
눈이 움푹 파인 눈두렁과
콧날도 산 능선처럼 높은데
왜 눈썹은 없을까
참 이상도 하다
내가 새겨 줄까
그는 나를
물끄러미 내려다보았다
그래도 내 몸값보다 비싼
모나리자

바느질

어떤 날은 서편 하늘이 붉어질 때가 있다
살아온 삶의 궤적
깡으로 살아왔던 만큼 가슴 쓸어내리며

세월이 이렇게 지났나
지난 세월만큼

슬픔도
상처도
가난도

조금 남은 목숨만큼
남겨 두고

한 생애를 어쩔 땐 저항도 없이
골무만큼 찔린 상처들

내 속의 낟가리
내 살았던 만큼

내 손끝을 모아 얽어매고 있다

바늘귀에 꿰진 실처럼 질긴 목숨
한없이 한없이
바느질하는데도
좁쌀만 한 구멍을 맞춰 꿰매기란 여간 쉽지 않다

여러 갈래로 갈라졌던 세월
얼룩진 넋두리 얽어매니
차츰차츰 앙금이 가라앉는다

기린

눈 속에도 서러움 있어
고요하게 내리는 것일까
흰 동아줄 되어
폭폭 내린다
내 귀 언저리에 맴돌다
투명하게 스쳐 가는 말들
인적 없는 길 사뿐사뿐 걸어가는 기린
무슨 생각에 잠겼을까
길 가다 잠시 멈춰 서서
가냘픈 눈 글썽이며
솟아야 할 기력도 없이
긴 목 빼고 하염없이 바라본다
온몸을 하얗게 적시고서

우렁이

나무도 떨고 있는 추운 겨울

너는 좋겠다
어둠이 있어도
푸근한 풀들과 맑은 물
네가 살 수 있는 집이 있어서

논바닥 볏짚 사이로
슬금슬금 기어다니다
볏짚 껴안고 고개 내밀어 숨 쉬다 숨고

폭풍우가 와도 투구 속으로
몸을 숨길 수 있어 너는 좋겠다

무엇에 반항하는 우리들보다
사소한 것에도 청승 떠는 우리들보다
금방 오므려 투구 덮어씌우고
집처럼 살아갈 수 있는 동굴이 있어 너는 좋겠다

빈 의자

햇살 좋은 공원의 빈 의자
바람결에 스쳐 쌀쌀히
고운 잎 한 잎 한 잎 떨어지고

새떼들이 목청에 핏줄이
새기도록 지저귀며
반질거리게 찾아와 주기도 합니다

포근하게 고운 이불이 되어 주다
곧 애절하게 떠나면
어느덧 하얀 무덤으로 덮이겠지요

툇마루

머물다 간 인연이 지나간 자리
한생 가득 담은 토방 툇마루

지푸라기 흙담이 버티면서
쟁기 멘 주인 오기를 기다렸으리

별 꽃들은 별 꿈을 꾸기도 했것지
잡초는 흙더미 질기게 거머쥐고

개망초는 넋두리 넋두리 피어
토방 툇마루에 천하를 얻고 있었지

꽃들이 홀로 버티고 피는 것을
나는 보았네 지고 피는 꽃들을 나는 보았네

달팽이

이슬 내린 숲을 지나면
넝쿨로 엉켜 있는 풀잎 사이로
산기슭 아득하게 그냥 가는 줄 알았습니다

더 낮은 몸을 굽히며
마음 열어야 보이는 말 못할
그 외로움인 줄 몰랐습니다

여기저기서 재자대는
새들의 노랫소리 들으며
올려다보기도 하고 내려다보기도 하며
산이 버티고 서 있는 캄캄한 구석을 향해
온 힘을 다하여 가는 줄 몰랐습니다

우아한 도발

나도 모르게 생긴 버릇이 있다
지날 때마다 길가와 맞닿은 개천을
보게 된다
초록이 무성한 수풀 속에
파란 수레국화 한 무더기
플랑크톤이 깔려 있는 어두운 수중에
바닥까지 파고들었다
밤낮없이 공급되는 산소 공급이
맞는 것일까
수구水口마다 흘러나오는
어긋난 수치들이 보이지 않게 수시로
모여든 곳
산발한 풀숲들도 풀이 처져 있다
똥범벅에 꽃가지 떨구고 드러누울 듯하는데
흠씬 받아들이며
온통 진창인 곳에 파란 수레국화 한 무더기
우아하게 피어 있다

내 치마폭에 피소서

당신에게 가는 길에
태양빛 받으며 함초롬 함초롬히
금계국 꽃이 천변에 풍요롭게 피었습니다

우리가 사는 이 터전
저토록 피어나 고귀하게 가득 채워진
꽃길을 쏟아낸 그 속에 서고 싶었습니다

유월의 길을 맞이하느라
얼마나 분주하게 서둘렀을까
하늘거리며 피어났을 당신

들녘에도 두 팔 벌리고
피어나는 그리움 노랗게 비단을 깐
외로웠을 금계국 가슴에 안고 싶습니다

하얀 치마폭에 그려 보는 당신
피어오르는 수천의 꽃잎 나란히 나란히 새기다
태양처럼 피어나게 하겠습니다

별아 별아 내 별아

별아 별아
하늘 보고 네 이름을 부르면

네 그림자
네 소리는

볼 수 없고
네 소리도 들을 수 없었지

해가 지고 어둠이 와서
어느덧 별이 빛나는 밤

오랜 기다림에서
밖을 나가 좁은 길을 헤맸지

그리움의 뒤안에서
그림자 따라 더듬어 찾아가다

불현듯 하늘을 보니

네 별이 거기 있네

별을 볼 때는
그리워 그리워서 흐느껴 울었지

목놓아 네 이름 불러 보지만
돌아오는 메아리는 기적의 소리였어

별아 별아
오늘 밤도 너를 찾아나선다
내 별아

제3부 동백꽃 사상

해당화

섬 둘레에
해당화가
피어 있다

님을 기다리다
피었을까

님을 맞이하려
피었을까

님을 부르다
피었을 해당화

갈매기가 날아와
쪽지를 건넸다

"님, 나를 잊으시오
난 다른 품에 안겨 있소."

수양버들

호수를 거울삼아
아침이 오면 깔끔하게 빗은 푸른 잎이
푸른 촛불 같다

백조들이 물살 가르며

해초처럼 누워 있는 이파리에 고추잠자리 훨훨 날듯
사알짝 사알짝 궁둥이를 치켜든다

우리들 삶도 저런 때가 있었을 것
오늘 하루도 다시 돌아볼 수 있는 단 한 번의 하루

수양버들과 호수가
서로를 품고 기대며

그래, 살아 있다는 것만으로도 행복하다

잔잔하게 흐르는 호숫가에
멋들어지게 서 있는 수양버들

호수로 휘어져 떠 있다
가늘고 야윈 오늘의 너를 보고 있다

어디 흐린 곳 하나 없는
한가로운 호수를 향해
청청靑靑한 마음을 가질 수 있다니 기억하겠다

연꽃

연꽃은 연꽃은
질펀한 땅의 생기로
따사로운 햇살 받으며
짙푸른 꽃대 세워
그 수렁에서
윤곽 사이사이로
너른 잎을 펼치고
용궁같이 고요하게
한 잎 한 잎
항아리처럼 피워
수렁 숲을 이루는
수중의 청아한 꽃이어라

풀잎

아,
나는
이슬
맺힌
풀잎을
보노라면
나라를 생각하면서
희망을 갖는다

들국화

저 봐라
가을바람 지새우는 날
땅끝에 쓰러져 일어나
조용히 먼지를 털고
언덕을 휘감고 피어났다
그 그늘에서 그리운 사랑
양지바른 비탈 언덕
보랏빛 들국화
님의 얼굴 그려 놓은 듯
지천으로 피어 있다
뒤엉킨 잡초가 무성한데도
참 고운 님의 얼굴
초연히 흔들리다
슬며시 바람을 안고
떨리는 들국화
노을빛 담아 아름답게 빛난다

능소화

향이 깊지도 않은 네가
어이 그런 화냥년이라니

꽃 같지도 않는 네가
꼴 같지도 않은 네가

단단하게 박힌 전봇대에 둘둘 감아
네온 휘황한 얼굴을 새긴 화냥년

그 얼굴 네 낯바닥 진드근히
마음속 천리에 감추지 않고서

요염하게 속삭이는 화냥년이라니
네 몸을 꼬는 그런 헤픈 년은 아니었으리

한 계절 서로를 보듬으면서
영원할 것 같지만 영원하지 않으리니

침묵으로 답할 수밖에 없는 은밀한 늪

애절한 깊은 의미까지 열어 보이는 그 공간

천 갈래 만 갈래 감아 외롭고 슬픔도 있었으리
쓰러질듯 그 위에 애련하게 피었구나

손꼽아 기다리겠네

오월이 오기만을 기다리며
바람인 듯 울어야 했지
오월이 오면
오월이 오면
너와 나 꽃과 나비의 인연이 아니었던가
눈부시게 활짝 핀 너
내 기꺼이 꼭 끌어안고 싶었다
모란이여
모란이여
서서히 서서히 너가 입 다물고
우리 이별이 예정되어
너의 향기 지고 나면
하얀 장지문 위에
네 꽃밭 만들어 놓고
하루하루 손꼽아 기다리겠네
고운 너 생각하며 하늘을 우러러 흐느끼겠네

갯메꽃

바위에 부딪치는 우렁찬 파도 소리
들으면서 피워 낸 갯메꽃
홀로 피어도 너무나 고운 모습
새색시같이 천연덕스럽게
해무에 덮인 연분홍이 은은하게 수놓아 곱기도 하다
화랑포에 갯메꽃 궁전이 있다는 것을
나는 모르고 있었다 아, 찬란하기도 하다!
벅찬 마음에 넋을 놓고 있었다 껴안고 싶은 마음에

유자나무

돌 박힌 의붓자식처럼 바깥에 버려진
유자나무입니다
말라비틀어지자 길가에 버려졌습니다
온갖 두려움 속에서도 더 행복했습니다
내 몸이 마를 땐 비가 내려 흠뻑 적셔 주고
볕이 따가울 때는 구름이 가려 주기도 했습니다
보잘것없이 말라가는 저에게
맑은 공기를 맘껏 마시게 했습니다
하늘은 비바람 구름 공기를 마시게 해 주었고
폭포 같은 은혜를 내려줬습니다
때론,
수군대며 꺾이지 않게 보듬어 주는 사람도 있었습니다
바깥이 좋았습니다
묵묵히 푸른 잎을 띠며 옹골차게 열매를 맺었습니다
계절마다 바깥은 그리움의 공간이었습니다

모란

꽃으로 제 몸 수놓아
깊이 숨은 은밀한 상처
마파람에 떨리는 모란
저만이 불같은 생이 있었나 봅니다
보랏빛 서글픔이
땅의 뭍으로 한 잎 두 잎 떨어진다
 .
 .
 .
비로소 알게 된다
꽃잎 풀잎에도 소리와 색이 가득하다

호박

 요즘 꽃을 피우자는데 거두기가 쉽지 않다고 해요 저는 마을 어구 푸른 숲속에 파묻혀 공기 마시며 별꽃이 되어 피어나지요
 흙이 있는 곳은 어디든 줄기 뻗어 신방을 차려요 호박이지만 나름대로 예쁘다고 생각하거든요 푸른 덩굴에 별꽃이 피면 나비도 찾아오고 벌도 찾아와요 사람들은 꽃이 아니라고 호박이라고 놀려 대지요
 가을이 오면 우람하고 믿음직한 단단한 둥근 누런 달이 된답니다 여문 씨앗을 옹골차게 포도알처럼 담아 두기도 하지요
 자알 익은 둥근달이 신방을 지키면서 다소곳하게 있는 듯 없는 듯 있지요 사람들은 무지막지하게 상처를 내서 신방을 망쳐 놓기도 해요
 속상하지만 다음 봄에도 신방을 차려 무궁무진하게 피어 보렵니다

동백꽃 사상思想

 난 짙푸른 가지에 붉게 수놓은 동백꽃이야, 꽃가지를 흔들고 찢겨도 눈 덮인 속에 돌부처처럼 파묻혀 덤덤하니 더디게 붉디붉게 피어나고 끄덕없이 말갛게 펴, 보다시피 주위에 꽃들이 찢기고 흩어져 없지만 열정을 가지고 한결같이 이 겨울을 버텨 가고 있어, 무표정하다가 눈이 쌓일 땐 하얀 눈이 녹아서 눈물 되어 가랑잎 떨어지는 소리 내기도 하지 잠깐 울다가 햇빛에 숨을 쉬며 춤추듯 피어오르며 전진하기도 해, 더께 같은 눈덩이를 난 더 참아 낼 거야 조금만 더 참아 내면 내 앞에 곧 나를 바라볼 수 있는 정령들이 모여 이파리 하나하나 파르르 떨며 튀어나와 그 정령들이 저들의 꽃이 되고 잎이 되어 하늘을 보며 마구 쏟아내는 아름다운 원천이 될 때
 나는, 붉은 가슴 내밀며 붉은 태양처럼 솟구칠 거야 내 잎과 내 꽃을 스쳐 가는 저 바람 소리를 들어보렴

유채꽃 연가

그대 보고 싶은 마음에
서편제 찾아왔더니
들판 천지가 노랗게 피어
캄캄한 마음이 환하게
열렸지요
길을 걷다 그대를 보면
마음은 꽃가지 속으로 가라앉아
당신 앞에 가슴을 내놓고
햇빛 섞인 바람과 함께
선들거리는 노란 속살 보며
흔들리는 꽃들 속에 숨어
이야기나 해 볼까나
피어오르는 꽃들 사이에 누워
당신의 손을 잡고
이랑 베개 삼아
하늘까지 들리는
파도 소리 들으며
이제 그리워하지 않겠다고 말할까나
눈을 감아도 보이고

들리는 소리들 어쩌면 다음 봄에도
저 풍금 소리 찾아 다시 올까 몰라

강아지풀

　가녀리지만 깊이를 더한 풀이랍니다 척박한 땅에서 땅속 깊이 뿌리내려 그 깊이를 더해 흙더미 속에 질기게 거머쥐어 무성한 숲 이룬답니다
　풀이라고, 가녀리다고, 함부로 잡초라 하지 마세요 사람들이 밟아 상처를 내도 그 아픔을 별일 아니라는 듯 비바람에 비비고 하늘을 향해 다시 일어나는 강아지풀이랍니다

저 홀로 피는 꽃과 풀

제4부

오는 봄 가는 봄

봄이 오는 길목에
하얀 목련 개나리꽃이 피어나고
나뭇가지에는 움이 트고 있다
아침에 잠에서 깨어나듯
물 공기 햇빛 듬뿍 받아
이리저리 사스락거리며
푸르름이 더해 가고 있다
이유 없이 눈물나는 크고 작은
꽃에서 퍼지는 향기
돌멩이 틈새에 노란 민들레 제비꽃
길거리 낮은 곳에서
수줍은 듯 그리움인 듯
만개한 꽃송이들이
저 솟고 싶은 대로 솟구치다
여름 따라 갔다가 다음 봄을 기다리게 한다
그리운 꽃들이여 안녕

4월의 정원

정원에 꽃들이
새 떼처럼 쪼르르 달려왔어요

이파리에 꽃물이 들었어요
내 손에는 흙물이 들었구요

꽃들이 아기자기 모여
건들거리는 봄바람에 살랑거립니다

봄 햇살 아래
갖가지 꽃들이 미소 짓게 합니다

꽃 향기에 취해
설레어 나비들이 정원에 소풍 왔어요

모란은 나비만 남긴 채
짧게 머물렀다 홀연히 떠나갑니다

오월

나는
오월을 좋아하여요

푸른 잎 게워 나와
햇빛에 반짝거리고

나뭇잎 하나를 사이에 두고
서로 흔들리며

발가벗은 가지에
가까이 다가와 풀포기 피어나지요

사무치게 사람이
그리울 때면

담장 너머 진달래꽃보다 붉게 핀
장미꽃 껴안아 볼 수 있어 좋아요

그래서
나는 오월을 좋아하여요

바람의 가을

가을볕에 느긋하게 물들어 비단을 펼쳐 놓고
수수수 소리 내는 소리
그저 담담하게 가을이 바래어 간 이유
눈부시게 가없이 펼쳐진 바깥,
힘 좋은 바람에 비단 잎이 진다
천고의 시름 아무 일도 없었던 것처럼
바닥으로 마구 떨어진다
뜰에는 낙엽이 날리고 떨어지는데
밤새 귓전에 귀뚜라미는 미동도 없다 적요하다
아름다운 나의 정원에
익을 대로 익은 모든 것이 시들어 힘센 바람에
어두운 밤에도 가지마다 맨살 드러내고 있다
여기 있는 이 몸은 다음 가을을 기다리겠네

첫눈 내리는 날

첫눈 속을 거닌다
생기 넘치게 하얗게 덮인
들판을 뚜벅뚜벅 나는 걷는다
아무도 밟지 않은 길 어디가 길인지 모를
내 뜨거운 심장으로 한 발자국 한 발자국 녹이면서
이 설원의 길을 걸어가고 있다
휘추리에도 하얀 꽃들이 내려앉았다
먼 데서 바람 불어와 눈발을 털며 스쳐 간다
목깃을 세우고 움츠리며 걷는 순간
바람이 풀어놓는
첫눈이 가슴 가득 차 올랐다
첫눈 내리는 날

눈 덮인 세상

고요히 눈이 내려 소복하게 쌓였습니다
무엇을 지우려고 이리도 많이 내렸을까
무엇을 덮으려고 이리도 많이 내린 것일까

소나무에도
대추나무에도
내 작은 처소處所에도

밤새 소복이 덮였습니다
대지에 소복이 내려 뒹굴다 갈 모양입니다
펑펑 내려 덮거라 함박눈아,

병든 설움의 땅에 하얀 옷을 입혀 다오
눈물이 단단한 고드름이 되었네
눈[雪]은 세상을 하얗게 덮이고 덮였습니다

겨울 동화

있잖아요
아주 멀리 향해 하늘을 보아요
하늘 꽃들이 내리고 있잖아요

우리들 마음에도
온누리에도
눈 못 뜰 만큼 내리고 있잖아요

집집마다
하늘 꽃이 나리는데
사랑이 넘치고 있잖아요

아직도 봄은 멀고
차갑고 쓸쓸하지만
우리들 곁에 포근하게 내리고 있잖아요

가슴 벅차고 설레는 마음
희디흰 순수한 빛으로
우리에게 기쁨과 희망을 안겨 주고 있잖아요

산빛

나 여기 떠나 산으로 돌아간다면
얼마나 좋을까
청산도 산 굽이굽이 뿌옇게 피어오르는
하늘을 향해 자유롭게 날아다니는
한 마리 새가 되면 이 산 저 산 날고
포근하고 아늑한 범바위에
산 굽이굽이 해가 뜨고
해 저물면 별과 둥근 달도 뜨고
산 굽이에서 이슬 머금고 핀 풀잎들
그 둥지에서 이슬 받아먹고 하늘 보고
한 울음 토해내고 범바위 꼭대기에 앉아
먼 산허리를 바라보기도 하고
산과 바다로 가득 채운 아침의 산빛 바다
이 모든 것과 쉼 하면서
바닷고기가 살아서 튀는 파란 물방울도 보고
파도에 비춰 오는 산빛도 보고
아득하게 보이는 섬 하나, 바다를 항해하듯
힘차게 공중을 가르며 가 보기도 할 것이고
저 지평을 향해 이 여정을 꿈꾸면서
나 여기 떠나 산으로 돌아간다면 돌아갈 수만 있다면

우산이 없어도 좋았다

비가 내려 혼자 걸었어
비를 맞고 싶어서 걸었어
길 가장자리마다 꽃이 피어 있었어
매화 개나리 패랭이꽃 불두화
봄바람에 날리는 매화꽃이
내 머리에 왕관을 씌어 주고
철버덕거리고 걷는 나에게 노란 꽃장화도
신겨 줬어
온통 내 몸에 꽃단장을 해 줬지
이런 날이 어딨겠어
우연한 일이었어
오늘이니까 가능했고 행복했었어
오늘같이 아름다운 날이 또 있을까 몰라

우일雨日 풍경

두들두들한 상서리 고샅길을 걷는다 길 위 돌담에 감긴 짙푸른 담쟁이 잎새에 날아든 흙먼지 나를 우두커니 세운다 빗방울은 천천히 천천히 휘감은 굵은 줄기를 적시고 담쟁이들은 빗방울에게 냄새로 이야기한다 마알간 빗물은 다른 세계로 사라진다 언덕길을 내려오듯 들리는 우는 소리 그 소리의 끝에서 웅크린 잎에 떨어진 빗줄기는 단 한 번의 상처도 받지 않는 것처럼 그 어떤 슬픔도, 부정도 없이 고요히 떨어진다 분명하게 보였던 풍경들은 어느덧 사라져 버리고 긴 여운을 남긴 희미해진 모든 형상이 시간과 빗물의 움직임을 따라 문득 세상을 끊는 일에 대해 생각해 본다 어쩌면 심장 속 젖는 것 같기도 하여서 들여다보고 이때까지의 엄혹한 현실이라는 것을 생각해냈고 생각할 위치가 아니라는 사실을 깨달으며 물오른 잎새를 밀어젖히며 생각했다 내일은 내일의 태양이 떠오르겠지? 비가 오지 않는다면

손깍지 베개 하고 누워

눈앞에
희미하게 내리는
봄비

구름 낀 앞산도
봄은 오고 있는가 모르겠다

누런 마른 잎 사이로
할미꽃은
피었을까

산 냄새 맡으며
고개 숙이고 있겠지

소싯적
흔들리는 나무 그늘 아래
손깍지 베개 하고 누워

나뭇잎 흔들릴 때면

살아 있는 빛처럼 보여
어리석음 새김질하다
벌떡 일어나 돌아오곤 했지

봄비 내리는 날
처마밑 주룩주룩 내리는 빗속을
나는, 나를 바라보고 있었다

만 개의 꽃

새파랗게 질려 담장 밑에
죽은 듯이 납짝 엎드려 있었다

누군가가 내 곁으로
다가오는 군홧발 소리

나도 모르게 슬금슬금
담장을 오르기 시작했다

투구 쓴 청년이 다가와
나에게 총부리를 겨눈 게 아닌가

바동거리다 양귀비꽃보다
더 붉은 장미로 피어나

우르르 우르르 벼랑 끝에 매달려
천 개의 꽃 만 개의 꽃이 되었다

도랑물 소리

먼 옛날 까마득한 그 옛날 고무신 신고 어깨 겯고
거닐던 도랑에 쑥도 자라고 이름 모를 꽃도 피고
봄꽃 봄 잎들이 내 친구 얼굴 같더라

여름에 쏟아지는 소나기 내 설움 같고
울긋불긋 가을 잎은 내 친구 같았고
겨울에는 눈이 소복이 쌓여 하얀 세상 되어 주더라

봄이 오니 푸릇푸릇 쑥 돋아난 도랑에
흐르는 개울 소리가
재잘거리는 친구 소리 같아 눈물 솟구치게 하더라

내 곁으로 와서 개울가에 앉아
함께 보고 들어보자
봄이 가기 전에 또 봄이 오기 전에
너와 나 인연 네가 그리우면 나는 울었단다

맑은 물에 비춰 보니

백옥 같은 옷 소맷부리에
더께
더께
때묻은 흔적
버리지 못한 옷 한 벌
슬픔이 있고 눈물이 있어
차마 버리지 못해
너절해지도록 입습니다
때론, 달 밝은 창가에 기대어
시린 꿈
추웠던 시절
입 다문 벙어리로
지나온 여정의
연가가 구슬퍼
눈물 훔치기도 했습니다
밝은 달이 행여 구름 속에
묻힐 땐
마음은
그 어둠과도 같았고

낮처럼
밝은 달 보노라면 나의 희망이었습니다
세상은 이렇게
거센 날을 홀로 맞서 간다는 것
물 한 모금 여유로
맑은 물에 비춰 보니
비춰진 나는 참 맑게 늙고
있었습니다

저 홀로 피는 꽃과 풀

이름 없는 꽃에도
아름다운 사랑이 있고
푸르름 속에는
꿈과 희망이 담겨 있다

대지에 빈자리 없이
채워 주는 것은
이름 없는 꽃과
무성한 초록 풀이었다

나비야 청산 가자

나비야
청산 가자!

푸른 바다
물결치는 곳!

서편제
유채 꽃밭으로 훨훨 날아가자!

제5부 거기, 남촌에는

아버지의 봄

딸아,
봄꽃 보러 가자

눈물 한 순갈
듬뿍 머금다

눈물 방울이
옷깃에 구르고

가만가만 지팡이
짚고 다가와

내가 살면
얼마나 살것냐

지팡이 짚고
걸을 수 있을 때

딸아,
봄꽃 보러 가자

벽장 속 치부책

서울에서 큰집 오빠가 오는 날
뭣을 쓸 요랑으로
벽장에서 누런 공책 한 권을 꺼내신다

잠시 붉은 얼굴 감추시더니
아가, 잘 보거래이 요것에
나 모든거시 적혀 있다

"혹시, 나가 잘못 되므는
이 공착을 찬차이 보거래이"

인자 막사와서 느그 큰집 오빠가
용돈 주고 안 가냐
어디서 잠잔가 모르것다

나 옆에 와서 자라고 했는디
안 온다야 느그 작은 어머니한테 기벌할 것도 있고
할 말도 있고 헌디
어쨌가, 느그 오빠한테 전화해 보끄나?

아버지는 큰집 오빠한테 전화를 거신다
아따, 어쨌가이 느그 오빠가
전화 안 받어야
영판 심들게 한다야

몇 월 며칠
"큰집 나 큰 조카가 용돈만 주고 나 옆에서 잠도 안 자고
서울로 가부렸다 징하게 서운했다
인자, 언제 볼랑가…"

사색

바닷가 오월의 태양 아래
바람 타고 하늘거리는 청보리
고향을 찾았지만 내 동무는
간데없고 나 홀로 서 있네
내 동무들과 어깨 겯고
허리춤에 책보 메고 걷던 길
내 안에 새겨진 주름진 얼굴들
파도처럼 청보리만 출렁이네

봉황기

 음력 정월 초하루 되기 전 어머니는 배를 타고 광주마크사로 봉황기를 하러 간다 큰 동생이 갓난아기적부터 사시나무 떨듯 보채고 울어 허구헌 날 등에 업고 동네서 떨어진 면소재지에 밤에는 등불을 들고 자갈길을 걸어 보건진료소에 다녀오곤 했다

 종잇장처럼 마른 동생을 포대기에 받쳐 업고 온갖 변방을 찾아 헤매고 어머니는 당신 가슴팍에 안고 눈물 한 움큼씩 쏟아낸다 영영 돌아오지 않을 자식 하나 가슴속에 묻고 몇날 며칠 밤낮을 실성한 사람이 되기도 했다

 맨발로 먼 산을 쏘다니다 돌아와 마루에 걸터앉아 당신 가슴을 젖히곤 했다 엄동설한 정월 초하루 어머니는 어딘지 모르는 논 둠벙에서 몸을 정갈하게 가다듬고 학같이 새하얀 옷을 입는다

 당집에 초 밝힌 앞에 등 굽히고 나지막한 목소리로 공을 들였다 봉황이 새겨진 봉황기를 생명 살피듯 솟대에 정성스럽게 붙잡아 매시고 봉황기 사이로 숨죽이며 흐느

끼셨다 혼불처럼 타는 촛불을 눈물로 어이 끄랴
  봉황기에 다 풀어놓는 듯한 어머니, 남은 자식을 위해 등은 더 굽혀야 했다

정미소

아버지, 어머니, 동생 셋 지낸 작은 섬 집
태풍이 불면 세찬 파도 소리가 들려왔었지

종지에 희미하게 타오르는 호롱불 켜 둔 채
우린 골방 앉은뱅이책상에 쭈그리고 앉아

숨죽여 저마다 벽에 기대어 책을 읽었었지
바다가 부르는 창문 너머로 수평선을 보기도 했어

아버지는 동네 정미소를 하셨었어 거미줄 같은
어망은 잘 모르셨어 오로지 전속력을 다해 가동하여

밀을 슳었고 벼 보리도 슳어 흰 알갱이가 나오게 하는
도정하는 것밖에 모르셨어 지금은 찾아볼 수 없어

청산정미소 목판 문양도 빛이 바랜 지 오래야 불 꺼진
공장은 아버지 혼魂이 깃들어 있지 아버지 발전소였어

쌀을 씻어 하얀 뜨물이 흐를 땐 품들인 소리가 들려왔어
자식 넷 가르치느라 고생하셨을 그 터

거기, 남촌에는

헌 책방에 들러 에세이 한 권 사서 걷는데
솜 같은 눈이 내리니 아부지 생각이 났다

불빛 환한 너른 찻집에 외로이 앉아
책장 넘기는데 눈바람이 사납게 창을 흔든다

거기, 남촌 마가리
외양간에 묶여진 누렁소는 여물여물 한恨을 씹으며
바깥을 보고 있을까

눈 내리는 풍경 바라보니
울컥하고 치미는
눈물 또한 어찌하지 못했다

고향에도 눈이 내리는가 모르것다
성난 파도 소리가 여기까지 들리는 것 같다

진눈깨비는 공평하게 내리고
솜 같은 하얀 눈은 바람 타고 겨울 골짜기를 향해

고향으로 가고 있었다

거기, 남촌에서
누렁소 울음소리도 천 리 길 이곳까지 들리는 것 같다

아버지의 하얀 고무신

범바위서 내려다보이는
외진 바닷가에 앉아 있는 작은 마당의 집

마당에 모여 사는 풀과 나무들
가꾼 이 없어도 뿌리 깊게 잘도 자랐다

지 혼자 피는 풍경인지 파란 타래난초 꽃이
절박함 없이 기어올라 마디에 쉬며 피어오르고

아버지의 사랑방은 지난 한세월을
청춘으로 살았던 화려하고 빛났던 집

댓돌 위에 놓인 하얀 고무신 한 켤레
시간, 공간, 바람은 언제나 텅 빈 그 속을 메우고 있었다

어미의 소원

아가, 어미가 할 수 있는 건
느그들 배곯지 않게 밥해 주는 거다

행여, 밥은 굶지 않았나 이제나저제나
가슴 너머로 매일매일 보는 거다

그저, 가난해도 어미는 목숨 다할 때까지
느그들 곁에 살다 죽는 거란다

자식이 뭣인고

가시낙아!
택배로 풋거리랑 쑥 쬐끔 싸보내쓰께 나가 쓴 대로
해묵거래이
구순 아부지의 당부 말씀
인자는 걸음도 못 걷고 내년에도 이렇게 보내질랑가 모르것다
땅은 해묵을 게 지천인디 해묵을 사람도 읎다
동네 노인들도 하나 둘씩 가불고 몇 안 된다야
그리 알고 쪽지 적어 보내쓰께 써진 대로 해묵거래이

산등성같이 구부러진 허리로
짚 망태에 호미, 걸메고
고샅길 따라나가 밭도랑에 상추 시금치 쑥
감자꽃 핀 어스름 밭고랑 둑 돌아보시면서
요번 봄이 끝이 아니길 바라며
다음 봄 씨앗을 뿌릴 수 있게 기대하셨으리라

"취나물은 물에 뒤쳐(데쳐)서 무쳐 먹어라 나물로 해서 무쳐 먹어라

쑥은 부친개(부침개) 해묵고"

행여 무얼 해묵을지 모를 딸내미에게 요렇게 맹글어 먹으라고 꾹꾹 눌러쓴 아부지의 쪽지문… 자식이 뭣인고,

60대 아리랑

친구여, 우리는 얼마나 만날 수 있을까
진달래꽃이 휜하게 필 무렵
산언덕에 둘러앉아 바다를 보면서
노래 부르다 보리밭 사잇길 걸으니
밟을수록 퍼렇게 일어섰던 보리
그런데 말이지 우리 나이 60대 아리랑
이제는 보리밭 가는 길도 가파르다네
애끓은 날들을 돌아보면 어찌 그리 쓸쓸할까
내 고향 그 동무들 더 늦기 전에
푸르러지는 보리밭가에 걸터앉아
바다 보며 메아리치고 싶네
오늘도 세월은 가고 흰 구름도 산을 넘네
젊음이 있어 우쭐거렸던 시절도 있었네만
푸른 날이 얼마 남지 않아 보여지네
시퍼렇게 자란 보리밭 그리운 그 언덕 그 동무들
말없이 돌아보면
우리 언제 적 만났을까
우리 언제 적 헤어졌던가
친구여, 우리 만나 보리밭 사잇길 걸어 보세 너울너울

춤춰 보세
 그립고 그리운 내 동무들 우리 앞으로 몇 번이나 만날 수 있을까

세 자매

세 자매의 나들이
만나서 뛸듯이 반가워하는 게
어린아이들처럼 영락없다
세 자매는 앉을 곳을 찾아 거닐었다

봄날 어느 한적한 카페
뜰에 진분홍 진달래가 환하게 맞이한다

어여 와요 언니들
카페 뜰 꽃들이 맞이해 준다

세 자매는 봄볕 푸르는 꽃에
엎드려 손 따숩게 들춰 본다
이 뜰에 너는 그리움에 꽃 피었으리라
그 그리움으로 지리라

우리는 참말로 그리워했었다
내 동생 정매가 어버이날 다가온다고 초대한 것이다
한덕 언니랑

고급진 음식점도 들르고 야외 카페에 둘러앉아
어린 시절로 돌아가 회포했다
빵도 듬뿍 용돈도 두둑하게 받아 세상 행복했다
세 자매는 손 맞잡고 뜰의 진달래꽃으로 피어났다

사람아 사람아

아따 딸아 오랜만이구나
내 딸이 전화를 했네라
'이 무정한 사람아 이 사람아'

여름 어떻게 났냐며 되레 물으신다

당신은 밥 잘 묵고
며눌네가 끼니 거르지 않게
밥상 차려 줘서 건강하단다

내 나이 구십서이다
아직은 밥 잘 묵어 잘 지낸다마는
내사 나이 먹었응께 걱정 말거라

니도 굶지 말고 끼니 잘 챙겨 묵거래이

오랜만에 내 딸이 전화를 했네라
나 걱정 말고 자네나 잘 사소
'사람아 사람아 이 무정한 사람아'

청산도의 봄

눕고 마른 잎들에게도 봄은 왔는가
한 그루 한 그루 푸르게 일어나
둑마다 봄바람에 산들거리는 저 풀들 보소,

온 들에는 샛노란 유채꽃으로 폈네
보고 싶은 언니야 내 언니야
내 언니 노란 비단 치마 펼쳐 놓았네,

김매느라 쉼 없이 호미질하는 어매들
유채꽃 가득 핀 둑에 걸터앉아
아리랑 아리랑 아리랑고개 흥얼거리네,

산에는 새들이 우듬지에 둥지 틀고
사람은 넓은 바다 보며 가없는 마음
너울거리는 유채꽃 풍요로운 청산도의 봄

지리 해변가※

잔잔하게 파도 소리에 젖어서
태양도 가만가만 떠 오르는 곳

저 공기 속에서 아득하니 몰려와
모래사장에서 조곤조곤 속삭인다

파도 밀치고 바다 밀치는 소리들
내 늙은 노래가 들리는 것 같다

하루의 태양이 고요하니 맑은 빛으로
또 내일을 두고 바다로 기울어 간다

수평선만큼 반짝이는 모래알들
해송이 파도가 칠 때마다 움찔거린다

※청산도 지리 해변

제6부 보헤미안

늑대의 서울

　오랫동안 판잣집 동네를 떠나지 못한 길고양이들이 있었다 헐렁하게 걸어 잠긴 골목 대문, 마주하는 대문마다 낙서처럼 이름표가 펜으로 삐뚤하게 새겨져 있었다 김이 모락모락 오르는 손수레, 두부 장수의 새벽을 알리는 종소리에 셋방살이 이웃들이 잠을 깼던 때, 집집마다 연탄불에 얹은 밥솥에서 쌀밥 냄새나는 아침, 대문 앞 버려진 19공탄이 밤새 어머니 속같이 하얗게 타버린 채 모퉁이에 차렷 자세로 서 있었다 옹기종기 붙어 있는 판잣집의 손바닥만 한 변소 환기 구멍으로 넘나드는 고약한 냄새났던 그 기억은 다시 닫히고, 밥을 종종 주었던 길고양이도 휘청거리며 두 눈 질끈 감고 코를 털고 담을 넘고 달아난 때가 있었다 거대한 아스팔트의 도로는 셀 수 없는 타이어 자국들이 그 위를 가고 있다 한강대교를 건너면 도열한 잡목들처럼 도로를 잔뜩 메운다, 형형색색 행렬로 펜트하우스penthouse를 두드리고 있다 도시는 모른 척한다 사람들에게 포위된 펜트하우스 나와 한 세계를 살았던 길고양이는 지금 어디에 있을까, 포토샵 속으로 거리의 풍경을 조각조각 이어 본다 그때는 낮은 하늘이었다 고개 들어본 적 없는

동묘거리

동묘에 가면 허리춤에 가방 두르고 제자리를 차지하고 덤덤하게 앉아 있는 사내가 있다 눈맞춘 적도 없지만 사람들이 물건 사주기를 기다리는 모양새다 낡은 구두며 옷가지들 전설 같은 옛것들이 길거리에 널브려 있다 그도 그럴 것이 다양한 사람들이 붐비는 동묘거리다 노포에는 세월을 같이한 박물관 같은 박물관, 뒤안길을 서성이며 사람들은 우멍한 깊은 눈을 하고 기웃거리며 거리의 풍경은 붐빈다 오랜 고물들이 뭔가가 나를 꿰고 있는 것 같다 황소 한 마리 사려고 들렀더니 소는 없고 빈 깡통들만 붐벼댄다, 또 다른 그늘들을 만들어 가고 있었다 이 공간에서 마주치는 따스한 얼굴도 있지만 고요한 울음이 있다 나도 종종 헌 책방에나 들러야겠다

당리 샛담길

고요한 숲속을 지나는데
바삭바삭 부서져 내리는
파도 소리가 언덕에 서게 한다

자신을 무너뜨리는 파도
자신을 무너뜨린 뒤에야
하얗게 가라앉아 돌아선다

봄의 언덕에 살포시 앉는 새
푸른 잎들과 솔바람 속에서
여유 있게 쑥덕거리고 있다

샛담길 걸으니 숲의 의연함
야생화들도 햇살 속에서
봄의 꽃망울 터뜨리고 있었다

도청리 항

아득한 바다로 항해하는 고기잡이배
뱃길 따라 섬을 잇는 여객선
사랑하는 이들 만나는 도청리 항

끼룩거리는 갈매기 어서 오라 어여 가라 손짓하네

먼 옛날 유년 시절
어판장에 풍어들이 넘치는 그 옛날
배들이 만선의 붉은 깃발 펄럭이며 들어오는 역사

뱃고동 소리 나는 부둣가에서 도시로 떠나는
자식들 배웅하며 끌어안았던 항구이기도 하다
성공해서 돌아오겠다던 굳은 의지의 수많은 눈빛

외딴섬 한 모퉁이에 우뚝 서 있는 저 등대
건너편 저편에서 떠나간 님이 그리워 그리워서
도청리 항을 지키는 망부석이 되었네

천사의 섬 완도

바다 위 떠다니는 갈매기야
안개 속을 나도 마음은 하염없이 난다

섬과 섬을 잇는 크고 작은 섬들
짙푸른 나무와 날으는 새들도 평화롭고

봄이 오면 산자락에 핑크빛 진달래
들에는 청보리가 산들거리고

귀를 막아도
눈을 감아도
늘 푸르른 천사의 섬 완도

후여후여 바다 위 오가는 갈매기 떼
바다로 떨어질 듯 산허리에 내려앉는 낙조

밤이면 쏟아질 듯 바다 물결에 반짝이는
우리네 마음을 달래 주기도 하는 별빛

어머니의 모성을 발산하는 터전
몇천 리나 되는 긴 수심 위 천사의 섬 완도

마로니에 공원

숨이 턱턱 막히는 여름 혜화역에 내려
대학로 거리를 걸었다
사람 표정이 차분하면서 차림도 인격적이고
스치는 목소리도 도시 사람들처럼 사납게
들리지 않았다
걷는 사람마다 방향 감각을 주시하면서 연극 거리를
누비고 있었다
힐끗힐끗 곁눈질하다 난 그늘이 있는
벤치에 앉았다
마로니에 공원은 계절의 묘미와
산책하는 거리의 행인들이 연극이다
도심 한복판에 앉아 있던 시간만큼 객이 되어
건사하게 세상 읽기를 했다
고요함 속에 따갑게 비추는 햇살에 아름답게
포옹하는 마로니에 공원
대학로 예술의 거리는 바쁜 시간의 흐름을 잠시
멈추고 바라보는 게 쓰는 문장과 같았다
하루의 묵상을 기록하면서 가슴 벅찼다

공옥진 여사

작은 체구에
최고의 거인 그녀는
누구인가

그는
몸으로 말하는 병신춤을 추는 춤꾼이다

오장육부를 움직여

기쁨도 있고
슬픔도 있고
그 속에 즐거움이 있고
한恨이 담겨 있는

우리가
그녀의 춤 속 생과 다를 바
뭐 있는가

그의 가슴에서 그대로 내뿜는 광대

그 안에서 세상을 달래는 혼魂

거친 풍파를 장구 치고 꽹과리 쳐서 날리고
어깨선 춤에서 또 다른 인생의 아름다움이 묻어난

이 땅에
최고의 광대였던 그녀, 그녀의 그 모습은
길모퉁이에서 해맑게 망초꽃이 되어 웃고 있다

매미

이 조국을 너희들도 구해야겠어
하늘에 화살을 쏘아 올리듯
숲속 그늘에 숨어
폭풍우처럼 거세게
매미가 목이 쉬도록 울어댄다
너희들이 우는 소리에 내 마음도
천불이 난다
매미가 우는 것은 그냥
울어대는 게 아닐 게다
너희들도 울어대는 이유가 있겠지
좀먹어 가는 나라 꼴을 보자니
너희들도 미치고 나도 미쳐서
뜨거운 열정이 솟구치는구나
역사의 광장 광화문에서
우리 하나 되어
목이 터지도록 함성 지르며 황소의 힘을 뽑아 보자
우리들의 숲을 다시 일궈 보자

비상飛上

참말로 걱정되는 나라
복잡한 도시
혼돈의 도시
수천년 휘어 도는 우리
조각돌 하나하나 잇대어
버텨 왔던 우리
천년 역사 지키려
전깃줄에 떼 지어 앉았다
의기투합하여 나는 저 새들
오천만이 떼 지어
극렬하게 비상飛上하는 저 새들을 보라

어느 주막집에 앉아

양철 지붕 귀퉁이 간판 동명관 주막집에 들어가 앉았다 언뜻 옆을 보니 머리에 빨간 머리띠를 동여맨 일꾼들이 막걸리 사발에 새끼손가락 넣어 휘휘 저어 마시면서 쓰디쓴 표정을 한 사람, 달같이 행복해하는 사람, 아무 표정 없이 잔을 들이키는 사람, 한 사내는 떫고 씁쓸하게 술잔을 비운다

손끝에 힘을 주어 찌그러진 막걸리 양은 주전자를 기울수록 세상 한숨 소리 사내들은 짐을 어깨에 천근 매단 시름을 탁사발에 떨군다 목구멍에 미끄러져 들어간 도토리묵 한 덩어리에 진저리 치며 벌컥벌컥 마시는 또 한 잔 술이 사내의 눈시울이 붉어져 비운 사발을 채우고 있다

구석진 곳에 등 굽은 어정쩡한 전구 등 하나 고개 들기가 버거워 보인다 시선을 돌려 향한 곳은 천정 한복판, 어지럽게 새겨진 글들을 지우고 이들의 얼굴을 꾹꾹 눌러 새길 즈음 그들 중 한 놈이 쏘아댄다 "지랄 놈의 세상"이라 할 때 그의 핏발선 눈이 이글거렸다 어둠의 그늘진 구석에서

서울의 봄※

군사를 거느려야 내가 살고
힘이 생기는 것이 아니겠는가
'서울의 봄'
군사 정권이 군사력을 장악하여 이 나라를
거머쥐기까지
군사체제로 이어져
1980년 5·18 광주 민주화 운동으로
많은 광주 시민들이 희생되지 않았는가
정권 교체와 역사의 숱한 굴곡을 체감했고
젊은이들의 열정
국민들의 열망으로
우리는 민주 국가에서 살아가고 있다
그러나,
지금의 정국은 이전 유신체제, 군사 정권과 다를 바
뭐 있는가,
슬프다, 우리의 미래가 암흑해진다
뼈아픈 후회 없이 이 정국을 잘 이끌어
국민이 열망하는 지도자가 되어
광야에 드러누울 때 시대의 지도자였다고 하시라

반만년 유구한 역사 앞에

※영화 '서울의 봄'

비둘기

어지러운 세상 답답한 세상
희망이라고 코딱지만큼도 보이지 않는다
민초들이 닦아 놓은 길
그대가 똥길을 만들어 밟고 있어
구린내 나는 용산 바닥에서 우린 몸을 떨었고
그 바닥에 엎드려 절규하듯
괴물 같은 그대에 성나 있었어
사람아 사람아 눈물 스미고 만 사람아
너는 모를 것이다
바닥에 떨어진 먹이를 힘센 비둘기는 몰래 숨어서 잘 주워 먹었어
그런 우리는 배고파 날아오르기에는 너무나 힘겨웠지
길가에 쓰러져 정신을 잃을 뻔했어
굶주림에 죽는 비둘기도 있었어
죽고 싶지 않다고 소리쳐 봤어 몸부림도 쳐 봤어
날개가 부러지도록
하늘을 날아오르는 꿈을 꾸고 있었지
바닥에 옥수수라도 떨어지면 실컷 먹고
먼 데 닿았을 무렵 수천이 모여

굽어볼 것이다라고 우리는 생각했어
그대가 언제쯤이면 민초들 밟는 것을 그칠 것이라 믿으면서
저 공중을 나는 연습을 했지

황제

너의 손짓
너의 발짓
너의 몸짓

권력의 힘
황제의 힘
거만한 허세

누가
괴물 같은 너를
두부처럼 뭉개 줄까

보헤미안 Bohemian

나의 친구가 되어 줄 푸르른 산
나의 동지가 되어 줄 푸르른 바다

산을 걸으면 새들이 지저귀고
짙푸른 산에 온통
야생화가 피어 있어 설레임에 눈물 난다

출렁이는 바다
이랑 같은 너울
창공을 날으는 갈매기

목선을 타고
수평선을 넘나들며
바다를 누리는 저 사람들을 보라

나, 여기 서서
잔잔하게 출렁이는
바다를 보노라면 내 마음 호수와 같다

등 굽은 산 아래 낮은 집 한 채
어머니 품 같은 고향 이곳에서 죽으리
난, 보헤미안Bohemian

노스탤지어

초가집에 집 안이 훤히 들여다보이는
파초가 있는 작은 마당이 있었으면 좋겠다

오며 가며 이웃과 정도 나누고

파초 잎 깔아 놓고 가난한 식사라도
덕석에 둘러앉아 소소하게 묻어나는 행복

지나가는 나그네와 밥 한끼 나눠 먹고

잎이 숨쉬고 잎이 무성한 집에서
차 한 잔 마시며 철마다 꽃 피워 허밍이 번지는 집

외양간 누렁소하고 세상 속에서 서로 품고
작은 마당에 시끌벅적한 집이었으면 좋겠다

한빈 시인의 시 세계 | 해설

해설

그리움 너머 빛나는 생명 의지
─한빈 시인의 시 세계

기청 | 시인, 문예비평가

　시의 역할이나 효용에 대해서는 그동안 많은 논의가 이루어졌다. 플라톤의 시인 추방론에도 불구하고 시는 더욱 빛나는 성과를 이루어 왔다. 시대에 따라 그 역할은 변하지만 그 본질은 변함이 없다. 언어 미학을 통하여 인간의 다양한 정서를 표현한다. 그 바탕에는 미와 선을 추구하고 인간다운 성품을 옹호하는 데 앞장서 왔다.
　약한 자를 옹호하며 불의에 눈감지 않는 용기와 열정을 잃지 않았다. 시의 효용 가운데 근자에 와서 주목받는 것은 심리적 치유와 실용적 과학적 역할이 크진 점이다.
　시인을 비롯하여 다양한 분야의 많은 전문가들이 '어휘력

향상', '타인에 대한 공감', '감성 지능 발달', '창의력 개발' 등을 이유로 시 읽기와 시 쓰기를 강조한다. 그리고 반갑게도 뇌과학과 관측 장비의 발달 덕분에 이러한 주장이 근거 없는 이야기가 아니라는 것이 밝혀지고 있다.
─〈시를 읽고 쓰는 이유〉 미디어 글

해마다 여름이면 남가주 해변에서는 문학인들의 문학 축제가 열린다. 그 축제에는 시에 대한 이야기가 담겨져 시와 대면하게 된다. 시란 우리 마음속에 아름다운 이미지를 줄 뿐만 아니라 인생의 여유와 안목을 주며 마음에 빛을 보내 준다.

어떤 사람이 아름다운 사람인가. 그녀는 늘 시를 읽고 시를 줄줄 암송한다. 그녀의 영혼과 몸에서는 꽃향기가 풍겨나는 것 같다. 길가의 작은 한 송이 풀꽃에조차 관심을 기울이는 섬세함을 지닌 여인이다. 그런 그녀는 누구에게나 편안함과 위안을 준다.
─〈시가 나에게 주는 것〉 미디어 글

앞의 인용 글은 시가 실용적 측면에서도 얼마나 유용한가를 보여 준다. "그대는 한 알의 모래에서 세계를 볼 수 있는가?"처럼 창의성도 문학적 상상력과 연결되어 있음을 강조한다.

뒤의 글은 시가 사람의 인성에 얼마나 영향을 주는지

에 대해 자신의 경험을 진솔하게 진술하고 있다. 이런 시대적 요청에 부응하기 위하여 창작자나 독자 모두 인식의 전환이 필요한 시점이다.

금번 세 번째 시집을 출판하는 한빈 시인은 청산도 출생으로 월간 《문학공간》 추천으로 등단한 시인이다. 꾸준한 작품 활동을 인정받아 제13회 현대문학사조 문학작품 최우수상(2022), 동인지 44인ㅅ 우수작품상(2024)을 수상한 바 있다.

프로필에서 말해 주듯 호남의 수려한 청산도 출신인 점은 그와 시의 어떤 태생적 연관성을 느끼게 한다. 그의 눈에 각인된 파란 바다와 푸른 청보리의 향수는 시의 자양분이 되기에 충분했을 것이다.

먼저 형식 주제 표현상의 특성을 보면, 첫째, 자연을 배경으로 생명 의지를 노래(〈들국화〉, 〈능소화〉 외). 둘째, 삶의 체험을 바탕으로 한 성찰의 시(〈옹달샘〉 외). 셋째, 고향을 소재로 한 향수(〈당리 샛담길〉, 〈향수〉 외). 넷째, 화자의 주장과 소신이 담긴 산문시의 형식. 다섯째, 어조는 부드러운 설득조(〈겨울 동화〉)와 강한 소신(〈매미〉 등)의 어조를 적절히 구사하고 있다.

이제 그의 대표성 있는 몇 편의 작품을 보면서 자연이 시에 어떻게 작용하는가를 살펴보기로 한다.

1. 계절의 서정

사계의 계절이 주는 상징 의미는 각기 다르다. 원형 심상으로 보면 봄은 탄생 소년기 생명력을, 여름은 청년기 이상과 열정, 가을은 노년기 수확과 성찰을, 겨울은 죽음 혹은 새로운 탄생의 준비기로 본다. 사계는 인생의 시간적 흐름이며 자연은 삶의 공간적 배경인 것처럼 시에서의 역할도 차이가 없지만 문학적 상징 의미는 다를 수 있다.

  고요한 숲속을 지나는데
  바삭바삭 부서져 내리는
  파도 소리가 언덕에 서게 한다

  자신을 무너뜨리는 파도
  자신을 무너뜨린 뒤에야
  하얗게 가라앉아 돌아선다
  (중략)
  샛담길 걸으니 숲의 의연함
  야생화들도 햇살 속에서
  봄의 꽃망울 터뜨리고 있었다
         —①〈당리 샛담길〉일부

  있잖아요

아주 멀리 향해 하늘을 보아요
하늘 꽃들이 내리고 있잖아요

우리들 마음에도
온누리에도
눈 못 뜰 만큼 내리고 있잖아요

집집마다
하늘 꽃이 나리는데
사랑이 넘치고 있잖아요
(중략)
가슴 벅차고 설레는 마음
희디흰 순수한 빛으로
우리에게 기쁨과 희망을 안겨 주고 있잖아요
— ②〈겨울 동화〉 일부

예시 ①은 고향의 봄을 떠올리는 시인데 비해 ②는 겨울에 내리는 '눈'을 새로운 시각으로 그린 작품이다. ①에서 자연은 평화롭고 자유로운 봄날의 풍경이다. 하지만 '파도 소리'는 단순한 자연의 소리가 아닌 시적 변용을 거친, 내면화된 대상인 점이 다르다. "자신을 무너뜨리는 파도"에서 강한 대결 의지가 드러난다. 현실에서 화자인 나(에고)의 무기력을 극복하고 자아 성찰을 통한

의식의 고양高揚을 지향한다.

②시의 어조는 따뜻한 온기의 설득적인 휴먼이 돋보인다. 반복 점층법을 통해 비록 현실은 겨울(차고 냉혹한)이지만 함께 극복하려는 동행 의지를 드러낸다.

두 작품 모두 계절(시간)을 배경으로 하고 있지만 ①은 자연(봄-파도 소리)를 통해 내면의 성찰을 ②는 자연(겨울-눈)을 통해 현실 극복 의지를 드러내는 점이 이채롭다.

2. 성찰과 생명 의지

자연은 시의 단순한 배경이 되기도 하지만 대상을 통해 자아 성찰을 하기도 한다. 때로는 대상을 화자의 객관적 상관물로 인식하여 내밀한 정서를 토로하기도 한다. 이때 사물의 의인화는 다양한 감정을 표현하는 하나의 장치가 되는 것이다.

저 봐라
가을바람 지새우는 날
땅끝에 쓰러져 일어나
조용히 먼지를 털고
언덕을 휘감고 피어났다
그 그늘에서 그리운 사랑

양지바른 비탈 언덕
보랏빛 들국화

　　　　　　　　　－①〈들국화〉 일부

시끄러운 세상
산속에서 발원하였는지
바위를 뚫어 돌담 밑으로
묵묵히 솟아나고 있었다
고개 숙여 나를 내다보았다
내 안을 비추는 영롱한 거울
많은 인연들이 다녀간 자리
옹달샘 속에는 만인이 있다
그 속에 세계도 있다
백 년쯤 지나 다시 오면
그때도 천연스럽게 있을려나

　　　　　　　　　－②〈옹달샘〉 전문

　예시 ① 서두에 감탄사 "저 봐라"로 시작한다. 주의를 집중하거나 동의를 구하기 위한 전제가 된다. "땅끝에 쓰러져 일어나/ 조용히 먼지를 털고"는 화자의 고난을 암시하지만 이를 극복하려는 의지를 드러낸다. '그리운 사랑'은 임과의 이별을 암시하지만 태도는 담담하고 의연하다. 들국화라는 자연물을 통해 그의 못다 한 사랑을

승화시키는 것이다.

예시 ②는 '옹달샘' 이라는 대상을 통해 자아와 세계를 비추어 보는 거울로 인식한다. 옹달샘은 세상과의 거리를 상징하는 도구가 된다. 대상을 확장하면 우주가 되고 내면으로 모으면 잠재의식이 된다. 살면서 숱한 인연과의 만남과 별리別離를 통해 생의 무상을 느낀다. 이처럼 자연물을 통해 화자의 의지를 드러내거나 성찰을 하는 것은 호모 사피엔스가 누리는 최상의 특권이다.

3. 공동체 의식

개인은 우리라는 '울타리' 속에서 함께 살아가는 존재다. 서정시는 개인의 정서를 표출하지만 때로 사회라는 공동체의 일원으로서 그 역할을 외면하지 않는다. 특히 시인은 정의감과 사명의식이 그를 지탱하는 원동력이 되기도 한다. 한빈 시의 사회적 관심을 엿볼 수 있는 시들을 보기로 한다.

> 이 조국을 너희들도 구해야겠어
> 하늘에 화살을 쏘아 올리듯
> 숲속 그늘에 숨어
> 폭풍우처럼 거세게
> 매미가 목이 쉬도록 울어댄다

너희들이 우는 소리에 내 마음도
천불이 난다
매미가 우는 것은 그냥
울어대는 게 아닐 게다

―①〈매미〉일부

　오랫동안 판잣집 동네를 떠나지 못한 길고양이들이 있었다 헐렁하게 걸어 잠긴 골목 대문, 마주하는 대문마다 낙서처럼 이름표가 펜으로 삐뚤하게 새겨져 있었다 김이 모락모락 오르는 손수레, 두부 장수의 새벽을 알리는 종소리에 셋방살이 이웃들이 잠을 깼던 때, 집집마다 연탄불에 얹은 밥솥에서 쌀밥 냄새나는 아침, 대문 앞 버려진 19공탄이 밤새 어머니 속같이 하얗게 타버린 채 모퉁이에 차렷 자세로 서 있었다(중략)
　도시는 모른 척한다 사람들에게 포위된 펜트하우스 나와 한 세계를 살았던 길고양이는 지금 어디에 있을까, 포토샵 속으로 거리의 풍경을 조각조각 이어 본다 그때는 낮은 하늘이었다 고개 들어본 적 없는

―②〈늑대의 서울〉일부

　예시 ①은 매미의 울음소리를 통해 현실의 안타까움을 대리 표출하는 특이한 소재의 시다.
　예시 ②는 산문 형식의 시다. 보통 행과 연을 구분하는

운문 형식에 비해 자신의 메시지를 담아 내는 데 효과적인 줄글 형식이다.

시 〈매미〉는 사물의 특성(청각, 울음소리)를 부각해서 자신의 신념을 표출하는 의탁 형식을 취한다. 그것은 자신이 앞에 나서지 않고도 숨은 의도를 드러낼 수 있는 장점이 있다.

"이 조국을 너희들도 구해야겠어" 서두에서부터 결연한 의지를 드러낸다. 사회적 정치적 현실의 안타까움을 마치 지사적志士的 관점에서 울분을 토한다. 예시 ②는 산문 형식을 통해 그의 메시지를 전한다. 과거와 현재, 빈과 부의 대립적 구도를 통해 냉혹한 현대 문명의 비인간화를 신랄하게 꾸짖는다.

4. 육친, 고향의 그리움

아무리 우러러 예찬해도 모자랄 것이 어버이에 대한 사랑이다.

또한 아무리 퍼주어도 모자랄 것이 자식 사랑이다. 하지만 부모와 함께하는 생의 시간이 짧기 때문에 그 안타까움은 더욱 절실한 것이다. 시를 통해 추억하는 어버이의 사랑은 어떤 모습인지 엿보기로 한다.

범바위서 내려다보이는

외진 바닷가에 앉아 있는 작은 마당의 집

마당에 모여 사는 풀과 나무들
가꾼 이 없어도 뿌리 깊게 잘도 자랐다
(중략)
댓돌 위에 놓인 하얀 고무신 한 켤레
시간, 공간, 바람은 언제나 텅 빈 그 속을 메우고 있었다
　　　　　　　　　　　─①〈아버지의 하얀 고무신〉 일부

아가, 어미가 할 수 있는 건
느그들 배곯지 않게 밥해 주는 거다

행여, 밥은 굶지 않았나 이제나저제나
가슴 너머로 매일매일 보는 거다

그저, 가난해도 어미는 목숨 다할 때까지
느그들 곁에 살다 죽는 거란다
　　　　　　　　　　　─②〈어미의 소원〉 전문

　예시 ①이 사부곡이라면 예시 ②는 사모곡이다.
　①의 시점은 서술적 전지적 시점이다. 언덕 위에서 바라보는 추억의 고향 집, 시간적 공간적 시점이 거리를 두고 있는 것은 감정을 절제하기 위한 장치가 된다. 그것은

아버지에 대한 존경과 무언의 찬사로 "댓돌 위에 놓인 하얀 고무신 한 켤레"는 아버지의 상징이며 정화된 그의 정신적 평정을 말해 준다.

예시 ②는 ①에 비해 감정이 노출되어 있지만 그것은 어머니의 사랑을 여과 없이 드러내기 위한 직접 인용이다. 자식을 위한 한량없는 사랑, 그 거룩한 희생정신을 가늠케 한다. 어려운 시대를 살았던 모든 어머니의 자식 사랑인지 모른다.

끝으로 시인의 고향 노래 한 소절을 보자.

　바닷가 오월의 태양 아래
　바람 타고 하늘거리는 청보리
　고향을 찾았지만 내 동무는
　간데없고 나 홀로 서 있네
　(중략)
　내 안에 새겨진 주름진 얼굴들
　파도처럼 청보리만 출렁이네
　　　　　　　　　　　ㅡ〈사색〉일부

어버이의 사랑 다음으로 남는 것은 고향의 추억이다. 한빈 시인의 유년 시절과 현재가 대비되어 오버랩 되는 고향 청산도의 노래, 파도처럼 출렁이는 청보리밭에 해마다 봄이 되면 생명처럼 피어오른다.

지금까지 한빈 시의 폭넓고 다양한 면모를 살펴보았다. 형식상으로 전통 형식으로서의 서정시, 글줄 형식의 산문시를 소재에 맞게 구사하는 능력을 가졌다. 자연이나 사물을 적절한 시적 변용을 통해 내면화시키고 그의 메시지를 통해 주제를 강화시키는 실력도 갖추었다. 이번 세 번째 시집 출간을 통해 그의 시심이 더욱 충만해지고 깊어지는 계기가 되기를 바라 마지않는다. *

가을이
바래어 간
이유

발행 | 2025년 10월 30일
지은이 | 한빈
펴낸이 | 김명덕
펴낸곳 | 한강출판사
홈페이지 | www.mhspace.co.kr
등록 | 1988년 1월 15일(제8-39호)
주소 | 서울특별시 종로구 삼일대로 457, 501호(경운동)
전화 02) 735-4257, 734-4283   팩스 02) 739-4285

값 13,000원

ISBN 978-89-5794-601-5 04810
      978-89-88440-00-1 (세트)

※저자와의 협약에 의해 인지는 생략합니다.
※잘못된 책은 바꾸어 드립니다.
※이 시집은 한국예술인복지재단의 예술활동준비금을 지원받아
   제작되었습니다.